Introduction à la philosophie des femmes

Clémence Royer

Lausanne, 1859

Édition : BoD · Books on Demand, 31 avenue Saint-Rémy, 57600 Forbach, bod@bod.fr
Impression : Libri Plureos GmbH, Friedensallee 273, 22763 Hamburg (Allemagne)
ISBN : 978-2-3225-5688-5
Dépôt légal : Mars 2025

Mesdames,

Au moment d'élever pour la première fois la voix devant vous, une double émotion m'agite, je souffre d'une double crainte. D'abord, je ressens ce trouble involontaire qu'éprouve tout orateur en abordant son auditoire, et femme, j'ai de plus des préjugés à vaincre, des coutumes à enfreindre puisque jusqu'à présent, presque partout et surtout dans ce pays, l'enseignement oral supérieur a été jugé inaccessible aux femmes. Cependant, la présence parmi vous de personnes qui m'ont accueillie et encouragée lors d'un premier essai que j'ai tenté l'année dernière, me soutient moralement. Depuis, plusieurs d'entre elles, le plus grand nombre même, sont devenues pour moi des amies. Ce m'est une joie et une force que de les revoir autour de moi.

J'ai de grandes difficultés à surmonter, je ne me le dissimule pas. J'ai à chercher moi-même mes mœurs oratoires, des habitudes de langage et des termes convenables à une femme devant un public, et je n'ai aucun précédent pour me servir de guide, de modèle. Je ne veux en aucune façon copier les coutumes des hommes : ce serait sortir de mon rôle et revêtir une nature en désaccord avec la mienne. Ainsi, mesdames, il n'en est pas une d'entre vous qui ne se sentirait choquée de me voir ici parler debout en gesticulant. Je crois devoir au contraire garder devant vous le calme d'une attitude didactique et ne jamais m'écarter d'un caractère de simplicité tranquille.

Je suis d'avis qu'en tout ce que fait une femme, elle doit rester elle-même ; j'ai toujours blâmé, dans les arts et la littérature, cette imitation servile de l'homme par la femme : je la blâmerais de même dans la science. Outre qu'en général je déteste toute copie, soit dans les personnes, soit dans leurs œuvres, nous avons de plus, en tant que femmes, notre génie particulier et nous devons le garder avec soin, le développer même dans ses tendances originales, bien loin de chercher à le dissimuler, à l'effacer. C'est un registre de plus dans le grand orgue des harmonies de la nature. Pour qu'il demeure d'accord avec le concert universel, il doit conserver en tout son intonation et son timbre. Nous devons enfin différer d'esprit autant que de visage, être en toutes choses un être égal et analogue à l'homme, sans jamais tendre à lui devenir pareil, identique.

Ce n'est donc pas une science nouvelle qu'il me faut chercher ; la science pour le fond est une comme la vérité qu'elle poursuit : elle ne saurait différer d'elle-même. Ce que je dois trouver, c'est une forme, une expression féminine de la science. C'est, enfin, un art nouveau que j'ai à créer. Les anciens ont représenté la vérité sous la figure d'une femme d'une beauté austère et correcte ; mais la beauté même sans la grâce est dépouillée de son charme le plus indéfinissable et le plus vivant. Jusqu'à présent la vérité a manqué d'attraits, elle est restée triste et maussade, presque honteuse, laissant à la fable, déguisée sous le nom de poésie, le sourire et l'élégance aimable, les mouvements de la vie, les ornements les plus séduisants de l'esprit. Enfin, disons le mot, la science est demeurée tout empreinte du caractère viril, et la vérité n'a été qu'un marbre beau de proportion et de forme, mais glacé et inanimé. Puissé-je être le Pygmalion de cette statue ! puissé-je la faire parler et parler un langage intelligible à tous ! C'est ce que je tenterai dans la mesure de mon pouvoir.

Je rencontrerai bien des critiques. J'en ai déjà rencontré. Plusieurs ont été effrayés de mon entreprise, étonnés de mon programme. On l'a trouvé trop ambitieux : on m'a contesté jusqu'à la légitimité de mon titre. Le mot de philosophie a épouvanté. Or, qu'est-ce que la philosophie ? selon l'étymologie du mot, c'est l'amour de la sapience, de cette sapience que l'on trouve nommée dans la Vulgate comme l'un des noms, l'un des attributs essentiels de Dieu et que les Septante traduisent par *sophia*. Ce mot signifiait tout à la fois la science et la sagesse : la science ou la sagesse théorique, la sagesse ou science pratique, l'esprit de savoir aussi bien que l'esprit de conduite. Nos langues modernes, plus analytiques, ont divisé en deux l'idée représentée autrefois par un seul terme.

La philosophie, c'est donc l'amour de la science et de la sagesse, c'est-à-dire du vrai et du bien ; et dans ce sens, mesdames, j'ose affirmer qu'il n'en est pas une parmi vous qui ne se fasse gloire d'être philosophe. C'est toujours dans ce sens et dans ce sens seulement que j'emploierai ce mot, c'est à ce sens que je veux rester fidèle en tout ce que j'ai à vous dire.

Ce n'est pas tout. Le mot de synthèse scolaire n'a pas été compris. Il aurait même été critiqué comme impropre, et par un professeur, m'a-t-on dit ; je vous avoue, mesdames, que je n'en crois rien. De tous les professeurs que je connais dans cette ville, pas un n'a pu certainement se rendre coupable d'une telle inintelligence, surtout lorsqu'il s'agit d'un mot grec. Il serait question d'un mot vulgairement français, je le concevrais presque mieux de la part d'un docteur ès-sciences. Aussi, je le répète, je crois que le professorat lausannois a été calomnié. Certainement l'homme qui n'a pas compris mon titre n'est pas docteur, car rien ne saurait être plus doctoral au contraire que ces deux mots : synthèse scolaire, c'est-à-dire rien n'est plus littéralement grec, trop grec même, à mon avis, c'est le seul défaut que j'y trouve d'après mon goût. D'autres peuvent être d'un avis différent, il est vrai. Je confesse la liberté des opinions. Ces deux termes de *synthèse* et de *scolaire* appartiennent essentiellement à la langue didactique ; ils sont donc à leur place comme titre d'un cours d'études ; s'ils sont grecs d'origine, ils possèdent cependant l'avantage d'être naturalisés depuis longtemps dans le français et d'être au nombre de ses racines les plus anciennes. *Synthèse* signifie composition, rassemblement. C'est un dérivé du grec *sunthesis* formé de *sun*, avec, ensemble, et de *tithemi*, mettre, placer, poser. *Scolaire* vient de *schole* ou *schola*, qui signifie étude, application, aussi bien qu'école, par suite de cet usage universel des langues qui transmet aux contenants un nom dérivé de leur contenu, aux lieux, celui de la chose qui s'y fait ou à laquelle ils servent. On dit ainsi l'étude pour la salle d'étude. De même emploie-t-on *scolaire* pour ce qui appartient aux écoles, à l'école, aussi bien que pour ce qui concerne l'étude, la science, la didactique ou la pédagogie, pour tout enseignement enfin, soit reçu, soit donné. Scolaire peut donc se dire de ce qui appartient soit à l'école, soit à l'étude, c'est-à-dire de ce qu'on enseigne dans l'école, de la science enfin, cause finale de toute école, en prenant ce dernier terme dans une acception large, en le prenant dans le sens général d'enseignement.

Mon titre signifie donc bien ce que j'ai voulu lui faire indiquer, c'est-à-dire une coordination des études, une recomposition des parties de l'enseignement, une synthèse, répétons le mot, de l'ensemble des éléments reçus dans l'école, adoptés par les savants, enseignés dans les chaires académiques. C'est une des richesses de toute langue que deux ou plusieurs mots assemblés prennent un sens différent, ou plus large ou plus étroit que celui que chacun d'eux aurait eu isolément. C'est à cela même que le français, entre tous les idiomes modernes, doit sa flexibilité et sa précision particulières, qui, avec un vocabulaire restreint, lui permettent d'exprimer les nuances les plus délicates des idées. Si, prenant en considération les scrupules de mon critique, j'avais dû définir, expliquer, traduire la pensée de mon titre dans le patois des savants, j'aurais été obligée d'écrire en tête de mon programme cette longue phrase à l'allemande qui traîne péniblement après soi ses cinq régimes enchaînés : *cours de réduction à l'unité de la diversité des notions acquises dans l'école*. Aurait-elle été bien reçue du public, mieux comprise que ces deux simples mots : synthèse scolaire, harmonieux entre eux comme tous ceux qui proviennent d'une même source philologique ? n'étaient-ils pas d'ailleurs suffisamment expliqués par le sous-titre : *philosophie générale élémentaire* ? Pour aimer la science, il faut d'abord la connaître dans ses parties et la considérer ensuite dans son ensemble, dans son unité synthétique : c'est pourquoi tout cours de philosophie ne peut qu'être un cours de synthèse de la science, et cet amour de la science et de la sagesse qui constitue l'essence de toute philosophie étant ou devant être le but de toutes les études et leur couronnement, toute synthèse de la science en est la philosophie.

Je crois donc que mon titre est convenable à tous égards, puisque d'une part il exprime ma pensée, que de l'autre il est conforme aux étymologies. Cette alliance de mots constitue un néologisme, je le veux ; mais ce néologisme est dans le génie de la langue : rapprocher des termes connus et leur donner un air de jeunesse, un cachet original est ce que tous nos orateurs, tous nos écrivains de goût cherchent à faire. Je suis loin de me repentir d'avoir suivi leur exemple. Ma pensée est nouvelle, je l'exprime par un terme nouveau. Puissé-je en trouver toujours, en cas de besoin, d'aussi heureux et d'aussi justes !

Vous le voyez, mesdames, dès qu'on parle science, on est fatalement, quoi qu'on en ait, entraîné à parler grec. Cette discussion sur deux mots vous montre combien le langage philosophique diffère du langage familier. C'est pourquoi, sur les matières dont ce cours doit traiter, il n'existe pour ainsi dire pas d'ouvrages complets et convenables, qui soient, sinon écrits spécialement pour des femmes, du moins accessibles à leur intelligence, à leurs habitudes de comprendre et de s'exprimer. J'ai l'intention de combler un jour cette lacune dans la littérature didactique, comme j'essaie de la remplir ici dans l'enseignement oral.

Les deux moitiés de l'humanité, par suite d'une différence trop radicale dans l'éducation, parlent deux dialectes différents, au point de ne pouvoir que difficilement s'entendre sur certains sujets et sur les sujets mêmes les plus importants. Il y a plus de dix mille mots dans la langue que les femmes n'ont jamais entendu prononcer, dont elles ignorent le sens, et cependant il suffirait d'un petit dictionnaire étymologique, composé de deux ou trois cents racines latines ou grecques, pour nous mettre à même de prendre part à toutes les conversations et d'aborder toutes les lectures. Moi-même, durant un temps, j'ai été fort effrayée de la science, je lui ai trouvé cet air maussade et ennuyeux dont je vous ai déjà parlé ; et sous cette impression je me persuadais facilement qu'elle m'était inutile. Il a suffi de quelques pages convenablement écrites, de quelques heureuses explications de personnes sagement instruites, qui vinrent comme des éclairs illuminer cette nuit de mon esprit, pour que je m'aperçusse que les savants, en effet, ont entouré le champ de la science d'une haie d'épines, mais qu'au delà il est plein de fleurs. Dès lors, j'ai résolu de faire une trouée dans cette clôture ou de sauter par dessus, s'il le fallait. Je suis entrée dans le champ, j'ai ramassé un bouquet de fleurs. C'est ce bouquet que je viens vous offrir.

La plus grande, l'unique difficulté de la science pour les femmes vient de la langue, de cette langue des académies cousue de grec et ouatée de latin. Aussi beaucoup ont eu peur à ces mots de métaphysique et autres semblables qu'elles ont vus sur mon programme. Ce n'est pas ma faute, si l'on a donné des noms empruntés d'une langue morte à des choses toujours vivantes qui sont vraies dans tous les temps et dans tous les lieux. Nos aïeux apparemment, dans les forêts de la Germanie et des Gaules, ne parlaient point de ces choses là ; il a fallu en emprunter les signes aux

Grecs, nos précurseurs et nos maîtres en philosophie. C'est un bien, du reste, parce que ces noms, adoptés par les écrivains de tous les pays, ont été importés dans toutes les contrées de l'Europe, de sorte que la langue savante d'un peuple est toujours beaucoup plus aisée à acquérir pour les étrangers que sa langue littéraire. Il en résulte des communications plus aisées, plus rapides entre les représentants de l'idée chez les diverses nations civilisées. Apprendre enfin la langue philosophique, c'est apprendre des milliers de mots que l'on retrouve presque identiques dans tous les vocabulaires européens.

Mais tous ces mots scientifiques, si simples quand on les définit et qui tous ont le mérite au moins d'être explicables par leur étymologie, par conséquent de s'adresser à l'esprit autant qu'à l'oreille, de pouvoir être compris et retrouvés par l'intelligence et non pas seulement retenus par la mémoire ; ces mots, dis-je, cependant, sont pour la plupart des femmes comme ces épouvantails qu'on place dans les vergers pour effrayer les oiseaux. Ils ne font peur qu'à ceux qui ne les connaissent pas. Pour vous, mesdames, que craindriez-vous de ces fantômes ? Approchez, touchez… cela ne mord pas.

Il est fort à souhaiter que les femmes s'adonnent à la science, qu'elles s'y adonnent par plaisir, par goût, avec amour, avec philosophie enfin. La différence du langage, des idées, des opinions, entre les deux sexes, les rend en quelque sorte étrangers l'un à l'autre, les divise, les désunit, non-seulement dans la société, mais encore dans la famille, au point que bientôt ils ne se rencontreront plus, faut-il le dire ? que comme certains troupeaux, à l'étable.

Chez les hommes, la raison mathématique, le travail discursif de l'intelligence absorbe toutes les facultés, fossilise l'âme et fait de leur être entier une machine pensante, sans tempérament moral. Chez les femmes, au contraire, on ne développe qu'une sensibilité maladive, sans soutien et sans frein, ou une imagination qui, sans objets rationnels d'activité, ne peut que s'égarer plus ou moins dans les créations folles des rêves poétiques. On fait abus pour elles des études littéraires, lorsqu'on fait pour elles abus d'une étude quelconque. Toujours, du reste, il y a abus d'une faculté lorsqu'on la développe seule. Il en est des organes de notre âme comme des membres de notre corps ; si l'un de nos bras travaille sans cesse et que l'autre demeure inactif, ce dernier dépérit tandis que le premier prend à lui seul toute la force. De même, l'esprit n'est sagement équilibré que par un exercice intégral de toutes ses puissances. Il résulte de tout cela que les femmes sont tout cœur, et les hommes tout tête et que les uns et les autres ressemblent, intellectuellement au moins, à ces images grotesques et disproportionnées que des crayons en délire nous retracent quelquefois sous prétexte de caricatures. Ceux-ci ne savent que penser, celles-là ne savent que sentir ; tous ensemble ne peuvent plus s'entendre, se comprendre mutuellement. Par instinct ils arrivent à se fuir ; et ces rapports civils et polis, ces rapports sociaux, rapports d'intelligence et d'esprit si pleins de charme et d'intérêt, qui permettent l'échange des idées, deviennent de plus en plus rares et impossibles. Les hommes y perdent en moralité, les femmes en solidité d'esprit, et nul n'y gagne.

Je dirai plus. Tant que la science demeurera aussi exclusivement entre les mains des hommes, elle ne descendra jamais dans les profondeurs de la famille et de la société. Elle restera à la surface, pareille à une croûte de glace au-dessous de laquelle les eaux demeurent à une température invariable ; ou encore, elle sera semblable à ces bancs de conferves flottantes qui s'étendent, comme une mousse verte, sur les étangs vaseux. Si le pied trompé s'y pose espérant trouver un sol ferme, la prairie factice cède et s'entrouvre, tandis que du sein des eaux corrompues s'élèvent des miasmes fétides.

Que les femmes s'emparent de la science, au contraire, et bientôt elles la rayonneront autour d'elles avec cette expansion sympathique qui distingue si essentiellement leur nature. La femme ne sait rien garder pour elle ; ce qu'elle sait, elle le dit ; ce qu'elle croit, elle le fait ; ce qu'elle a, elle le donne. Les idées premières que les mères inculqueront à leur jeune famille, au moins seront des idées justes que l'éducation n'aura plus à rectifier, mais seulement à développer ; qu'elles s'emparent de la science enfin, ne serait-ce que pour en polir la langue, pour en effacer les aspérités, en diminuer les angles, pour la marquer surtout de l'empreinte harmonieuse d'esprits croyants, naïfs et satisfaits, de la grâce sereine de la vertu heureuse ou résignée et surtout de cette jeunesse de cœur qu'elles seules conservent toute la vie.

Elles hâteront ainsi l'hymen si désirable de la littérature et de la science, de la poésie et de la raison ; hymen qui semble si éloigné qu'un poète en quelque sorte ne peut plus être savant, ni un savant, poète ; hymen bien nécessaire pourtant, car c'est par lui seulement que s'accomplira celui des temps et des idées, que s'effacera cette déplorable scission du passé et de l'avenir, de la pensée et du sentiment, du beau et du bien, du juste et de l'utile aujourd'hui en guerre ouverte.

Tous les esprits, dans notre époque, sont atteints de fatigue, d'ennui, de doute moral ; les hommes surtout, parce que le doute saisit l'esprit avant le cœur. Chacun cherche un mieux dans le vrai et dans le bien, le poursuit sous toutes les formes, dans toutes les routes de l'existence et s'agite sans le trouver. Les femmes s'étonnent un peu de ce malaise dont elles ignorent les causes, de cette attente vaine d'un je ne sais quoi qui ne vient pas. Elles en souffrent sans savoir pourquoi, en sont saisies sans se l'avouer ; elles sentent le vide autour d'elles, et ne savent de quoi le remplir ou le remplissent trop souvent d'idées erronées, de préoccupations frivoles ou plus ou moins fantastiques. Toutes les affections sont émoussées, toutes les croyances ébranlées. On se défie des autres parce qu'on n'a plus qu'à peine confiance en soi-même. Mais si les femmes sont frappées, comme les hommes, de cette épidémie, celles surtout qui savent l'être, ne pourraient-elles être admises à en chercher le remède ? On ne trouve point étrange que des femmes, voire même des femmes qui font des pélerinages, prennent part aux chasses royales. On ne juge point que leur sensibilité doive être blessée de poursuivre la biche qui tremble, le cerf aux abois qui pleure devant la meute. Pourquoi donc, bien plus encore, seraient-elles exclues de la chasse à courre à la vérité ? l'arène n'est-elle pas ouverte devant tous ? Que chacun s'y élance de toutes ses forces ; au plus fort, au plus agile, au plus heureux appartiendra la couronne.

Nous avons vu que la philosophie est la synthèse de la science, et comme telle, elle progresse nécessairement avec celle-ci, se transforme comme elle et par elle. Mais jusqu'à présent l'on peut dire qu'elle n'a point existé, qu'elle a été impossible. La philosophie, en un mot, n'est pas faite, elle ne pouvait l'être avant cet heureux développement des sciences mathématiques et expérimentales dont notre siècle a été le témoin. Voilà trente ans seulement qu'elle commence à être possible.

On peut dire que Galilée, en restituant au soleil sa place et son titre de centre de notre système, Kepler et Newton en dérobant aux cieux la connaissance de leurs lois, Herschel en les creusant à l'infini, Cuvier en ressuscitant les créations disparues, en ont jeté les premiers fondements. Ils ont porté les plus rudes coups aux folles prétentions de l'orgueil de l'homme, qui jusqu'alors s'était déifié lui-même jusqu'à se considérer comme le but unique et final de la création, et ont rendu à chaque sorte d'êtres la place qui lui appartient devant Dieu.

Si la philosophie n'est pas faite, nous savons donc seulement qu'elle est à faire, nous le savons par les essais de l'antiquité, par les tentatives plus ou moins heureuses et plus ou moins renouvelées des Grecs du monde moderne. Mais pourquoi ferait-on de la philosophie le domaine exclusif de l'homme ? Je ne saurais trouver à cela de raison. Nous serait-il interdit d'aimer la science, le vrai, la sagesse, le bien ? Et comment donc aimer ce que l'on nous défendrait de connaître ? Reste à savoir si la philosophie peut être pour les femmes ce qu'elle est pour les hommes. Je crois qu'ici encore il doit y avoir analogie et non pas identité, comme je le disais plus haut à propos de l'art oratoire. La philosophie doit garder chez nous un caractère spécial, un caractère féminin. Notre philosophie doit être indépendante, elle peut avoir son développement particulier ; mais elle ne peut, je crois, qu'être essentiellement affirmative et surtout pratique. Nous sommes beaucoup plus faites pour l'action qu'on ne le pense ; le doute nous tue ; nous ne pouvons vivre avec lui ; nous avons une ardente impatience d'affirmer, de conclure, d'atteindre enfin à la sérénité de la certitude. Aussi, le plus souvent, je l'avoue, nous concluons trop vite.

Il faut donc que notre philosophie rassemble tout ce que la science possède d'évidence, et qu'entre les probabilités opposées, nous nous déterminions pour la plus probable, afin de nous y attacher et d'en faire le soutien de notre vie, de notre conduite ; car toute pensée chez nous conclut à l'action ; nous avons une admirable logique des actes, qui manque presque totalement aux hommes. Ceux-ci, au contraire, font de magnifiques théories avec lesquelles ils se mettent sans cesse en contradiction. Aussi lents à affirmer que nous y sommes promptes, tandis qu'ils demeurent suspendus dans leurs incertitudes sceptiques, ils se laissent entraîner sans direction, sans boussole, à tous les vents des circonstances et des passions. « Il n'y a rien de certain. » Ce mot peut leur servir d'excuse à toutes choses. Leur esprit, si prudent qu'il soit dans ses jugements, est cependant bien loin de cette sorte d'infaillibilité à laquelle ils semblent prétendre et cette suprématie de raison qu'ils s'arrogent sur nous est plus affirmée que prouvée. Je ne puis voir sans étonnement que des femmes, et surtout des femmes protestantes, puissent reconnaître si aisément la papauté de l'esprit viril et en respecter ainsi les décisions comme sans appel. Examinons plutôt avec attention et impartialité d'esprit toutes les questions et soumettons-les à notre propre jugement ; ce que je propose ici est du luthérianisme pur ; c'est la revendication de la liberté de conscience, d'opinion, de croyance ; c'est la négation de toute autorité en matière de foi, en matière intellectuelle ; c'est la liberté de la pensée que les hommes réclament trop haut pour eux-mêmes pour qu'ils osent nous la contester. Essayons enfin de peser toute chose au poids de notre raison. Peut-être rencontrerons-nous des solutions nouvelles et plus heureuses pour tant de problèmes ardus qui agitent l'humanité, dans le domaine de la théorie, comme dans celui de la philosophie pratique, c'est-à-dire de la morale et du droit. Tout ce que nous avons vu faire et proposer jusqu'à ce jour n'est pas fort bon : nous qui sommes autant, mais autres, n'aurions-nous pas par hasard quelque chose de meilleur à dire ? Essayons toujours, il n'en coûte rien. Toutes les absurdités, toutes les étrangetés possibles ont été inventées, toutes les contradictions posées et toutes posées et inventées par des hommes. Si nous ne faisons mieux, il est impossible du moins que nous fassions pis, et j'ai confiance en la droiture de nos instincts pour nous arrêter sur le chemin des conséquences logiques qui vont tout droit conclure au désordre moral et intellectuel, pour peu que le principe dont elles découlent contienne la plus légère ombre d'erreur.

Si toutes les femmes interrogeaient, comme je l'ai fait, les trente siècles et plus de l'histoire de la philosophie dans son développement ancien et moderne, elles perdraient une grande partie du respect que beaucoup d'entre elles accordent d'une façon si absolue et vouent sur la parole de la renommée aux noms des hommes que d'autres hommes ont salués du titre de grand. Elles verraient que si de vrais génies ont apparu parfois, apportant au monde une découverte utile, une loi juste et bienfaisante, aussi par contre, tous les systèmes les plus impossibles, les plus contradictoires avec la réalité des faits, sont sortis du plus profond des plis des robes des docteurs ; que, sous prétexte de sagesse, toujours, les utopies, les rêveries les plus étranges, les plus irréalisables se sont élancées de leur cerveau en délire, comme autant de Pallas surgissant l'égide au bras, de la tête d'autres Jupiters.

Vous n'êtes pas, mesdames, sans avoir entendu prononcer ou lu en quelque endroit les noms si fameux en Allemagne de Kant, de Fichte, de Schelling, de Hegel ; leurs doctrines sont devenues populaires outre-Rhin, elles tendent à se répandre en France, en Angleterre ; vous serez étonnées lorsque j'aurai occasion de vous en dire quelques mots, que des hommes de sens rassis et profond aient pu produire de pareilles énormités intellectuelles et les professer sérieusement comme la doctrine suprême de la vérité des choses. Tous, plus ou moins, ils aboutissent aux négations de la critique ou aux affirmations aussi négatives du panthéisme. Entre eux tous, je ne saurais réellement faire un choix, et ce sont là cependant les géants de la philosophie.

Il semble, d'après cela, qu'il ne faille qu'arriver à une solution étrange, révoltante pour la saine raison pour être salué par ses contemporains ou par la postérité du titre de génie, de révélateur, de prophète. Ainsi l'Allemagne, à côté de ces fameux chefs d'école, en a produit quelques autres non moins remarquables. Pourquoi sont-ils restés moins célèbres ? C'est peut-être seulement parce qu'ils ont repoussé, combattu toutes les étrangetés de ces novateurs de l'esprit qui, ne pouvant expliquer le système des choses, en inventent un autre à leur fantaisie et écrivent dessous : voilà la loi de l'être. Parmi ces écrivains secondaires de l'Allemagne, je dois citer Jacobi, Krause, Fries et beaucoup d'autres qui se sont déclarés les champions de la philosophie du bon sens, et je vous ferai remarquer, mesdames, qu'il ne faut pas confondre le *bon sens* avec le sens commun. Ce dernier est souvent un produit de l'éducation, des circonstances, des influences de famille, de milieu social, de nation ; souvent les préjugés l'obscurcissent ; l'instinct si puissant de l'exemple, de l'imitation, de l'habitude l'obstruent ; le bon sens, au contraire, est cette virtualité immanente dans l'âme humaine qui la rend capable de discerner le vrai, qui la fait céder à l'évidence des raisons et des faits, c'est enfin cette droite raison, *logos* intérieur, véritable lumière qui éclaire tout homme venant en ce monde. Herbart, l'un des derniers venus de cette pléiade de philosophes dont l'Allemagne se fait gloire, a eu le bon esprit au moins de sentir les défauts de tous ses devanciers, de reconnaître qu'avant lui on avait fait fausse route et d'avouer que tout était à recommencer. Gœthe, observateur contemporain de toutes ces querelles de l'esprit, fut peut-être plus grand philosophe que tous ceux qui ne voulaient lui accorder que le nom de poète. Dans son scepticisme railleur, il resta du moins fidèle à la fois au sentiment de l'art et de la nature, au culte du vrai et du beau sur lesquels les autres ont disputé sans paraître avoir jamais connu l'un ou l'autre. L'Allemagne n'a peut-être réellement fourni qu'un génie vraiment complet, vraiment philosophique : c'est Humboldt, celui que la mort vient d'enlever il y a peu de temps, après une carrière si longue et si remplie. Lui seul s'est contenté de rassembler les réalités des faits et de leurs lois dans une magnifique synthèse, et s'il n'a pas abordé toutes les questions, s'il n'a pas touché à tous les problèmes, du moins n'en a-t-il tranché aucun avec une imprudence téméraire et présomptueuse, du moins s'est-il abstenu des erreurs funestes dans lesquelles se laissent si aisément entraîner les raisonneurs à perte d'haleine sur l'être, le non-être, l'essence, l'essentialité et l'absolu.

Vous connaissez, mesdames, ce passage de St-Luc où Jésus reproche aux Pharisiens de s'être saisi des clés de la science et de n'y être point entrés. Les Pharisiens docteurs de nos jours se sont saisis de la clé de la science, ils y sont entrés, mais ils n'en sont point sortis. Curieuse de savoir ce qu'ils y faisaient si longtemps sans nous, j'ai regardé par les fentes de la porte, je les ai écouté parler, et j'ai reconnu parmi eux nombre de petits êtres, grands esprits totalement dépourvus de conscience, qui entassent volumes sur volumes à propos de mots vides d'idées ; qui parlent magnifiquement et agissent tout autrement qu'ils ne parlent ; qui se posent devant le public en émancipateurs des nations et le plus souvent sont dans leur famille de capricieux despotes ; qui font de la science un majorat, une propriété de caste, qui la cultivent pour eux seuls, pour leur bien, pour leur gloire peut-être, mais trop rarement pour le bien de tous ; qui reculent devant les conséquences de leurs découvertes ; qui ménagent à leur profit des préjugés dont ils se rient, des institutions qu'ils blâment, parce que ces préjugés, ces institutions leur servent, les protègent ; qui, enfin, lorsqu'ils possèdent la lumière, la mettent sous le boisseau plutôt que de l'élever sur un phare où tous les regards puissent l'atteindre et d'où elle pourrait servir de guide à tous ceux qui la cherchent dans la nuit où ils sont égarés, dans la tempête qui les secoue. Quelques-uns cependant comprennent mieux leur rôle. Fichte et Krause ont écrit de magnifiques pages sur la destination du savant : Kant lui-même, malgré sa sécheresse, a laissé de nobles aspirations sur l'avenir de l'humanité. Parmi les noms que j'ai cités il se rencontre de beaux caractères ; mais j'ai dû reconnaître avec douleur qu'en général le monde littéraire, scientifique, artistique est dépourvu dans notre siècle de toute moralité intellectuelle, et comme tout le reste de notre génération, il est devenu vénal. Il parle, il peint, il chante quand il lui est avantageux de se faire entendre ; le moindre bruissement de danger réduit au silence et fait rentrer sous terre toutes ces gazelles plus poltronnes que véritablement prudentes.

Je rappellerai à ce sujet une belle pensée que j'ai ramassée de la bouche d'un orateur aimé dans cette ville. Je veux parler de M. Bridel : « La force du caractère, disait-il, est ce qui constitue véritablement le grand homme. » Il s'agissait de Wilberforce, qui en effet n'eut guères de science que ce qu'il lui en fallait pour accomplir sa noble tâche de libérateur des esclaves ; et cependant, Wilberforce fut bien un grand homme, un plus grand homme que Hegel, un plus grand homme que Kant, dont les doctrines philosophiques ne feront pas faire un pas à l'humanité. Un seul acte de force et de persévérance de volonté vaut cent fois plus à mes yeux que le plus beau des livres. Oui, la droiture du vouloir, le courage de cœur et la sincérité d'esprit, voilà ce qui fait toute la valeur de l'être personnel, voilà ce qui constitue toute sa moralité. L'intelligence est un don, en faire un juste usage est un devoir ; mais l'œuvre de justice accomplie par la liberté est le bien propre de l'être libre, son mérite, son œuvre, au poids de laquelle seulement on le doit peser. L'intelligence divine elle-même apparaîtrait à mes yeux, s'il était possible qu'elle fût dépourvue de moralité, c'est-à-dire de l'amour du bien et de la volonté de le réaliser, loin de l'adorer, de la servir, je me révolterais contre elle.

Les philosophes, il est vrai, ont admis dans tous les temps, depuis Platon jusqu'à notre siècle, sans même en excepter les écoles épicuriennes, mal comprises ou le plus souvent calomniées, que la moralité est au-dessus du savoir, que la sagesse est le but même de la science, but sans lequel celle-ci même serait inutile. Le bien-vivre en un mot a toujours été la fin de toute philosophie. Mais l'on a droit de s'étonner, d'après cela, qu'ils n'aient jamais reporté en Dieu même l'idéal de la vertu suprême, ou tout au moins qu'ils n'aient jamais réussi à présenter l'idéal divin dans toute sa perfection morale. Ils l'ont fait à leur image, à l'image de l'homme ; c'est pourquoi ils n'ont songé qu'à le faire fort, puissant, immense, irrésistible, victorieux, redoutable, infiniment savant, éternellement heureux ; leur haine de la douleur et de la mort leur a fait nier que Dieu pût souffrir et mourir ; ils lui ont prêté jusqu'à leurs vices ; ils l'ont dépeint colère et vindicatif. Jamais, sauf dans l'idée chrétienne, ils ne l'ont compris doué des vertus qui distinguent plus spécialement la femme ; c'est-à-dire que jamais ils ne l'ont conçu sous les attributs plus doux de l'infinie mansuétude, de la bonté gratuite, de l'amour immense qui s'immole soi-même et se donne sans retour dans un ineffable sacrifice. Est-ce une pure coïncidence que, d'autre part, la religion chrétienne soit la première, la seule jusqu'à présent, parmi toutes celles dont l'Orient a été le berceau, qui nous ait accordé droit d'égalité civique, au moins dans un autre monde, si ce n'est encore dans celui-ci ? N'avons-nous été pour rien dans cette transformation de l'idée divine ? et si nous y avons en effet participé, ne sommes-nous pas appelées à agir un jour prochain peut-être sur la philosophie, comme nous avons agi, il y a deux mille ans, sur la religion ?

La philosophie, telle que je la conçois pour nous, mesdames, la philosophie que je me suis faite et dont je vous apporte les prémices, doit donc être d'abord essentiellement critique ; c'est-à-dire qu'elle doit examiner toutes les philosophies précédentes, prendre et s'assimiler avec liberté, avec une indépendance jalouse, tout ce qu'elles ont de bon, de convenable, et rejeter ce qu'elles ont de mauvais. C'est donc un éclectisme que je vous propose, c'est-à-dire un choix judicieux d'idées harmoniques entre elles, et non un synchrétisme aveugle qui rassemble comme au hasard les éléments les plus contradictoires. Notre philosophie doit être dogmatique, c'est-à-dire aboutir toujours à une solution affirmative, tout au moins relativement probable à défaut de certitude absolue. Mais plus que toute chose elle doit être morale et religieuse. La science et la sagesse sont les attributs les plus essentiels de Dieu, ne peuvent exister sans Dieu, puisque sans Dieu il n'y aurait dans la nature que hasard et fatalité, c'est-à-dire la négation même de cet ordre qui seul rend la sagesse et la science possibles. La négation de Dieu est donc, avec la négation de l'ordre naturel ou moral, la négation même de toute philosophie, puisqu'elle en détruit l'objet. Si dans le passé il a pu y avoir une philosophie athée et immorale, je lui dénie le nom de philosophie, et l'étymologie de ce mot m'en donne le droit. Qu'on l'appelle d'un autre nom, si l'on veut.

La philosophie que je veux vous proposer est idéaliste, mais non dans le sens que les Allemands ont donné à ce terme, qui pour eux signifie irréel, créé de l'idée, posé par la pensée, émané du moi pensant ou plutôt rêvé par lui ; elle est idéaliste dans le sens esthétique, c'est-à-dire qu'à travers toutes choses elle poursuit l'idéal de l'ordre, du bien souverain, du bien absolu. Mais autrement elle est réaliste, en ce sens qu'elle affirme l'existence des êtres comme substance et comme phénomènes, la réalité de leurs conditions d'existence, de leurs lois fixes et générales, de leurs formes essentielles et de leurs accidents passagers. Elle affirme comme substance réelle tout ce qui agit, tout ce qui se manifeste comme force virtuelle ou actuelle en l'homme ou hors de l'homme. Elle s'attache aux faits, les constate et cherche à tout expliquer sans rien inventer de nouveau dans le plan de la création ; elle est enfin essentiellement spiritualiste. Elle spiritualise jusqu'à la matière trop longtemps méconnue, trop longtemps l'objet d'un mépris injuste, né d'un ascétisme immoral et dénaturé, non moins que d'un dualisme impie emprunté des cosmogonies de l'Orient. Tout est bien et bon dans les œuvres du Créateur ; en blâmer quelqu'une comme essentiellement viciée, c'est s'élever contre Dieu même.

Tel est mon plan, tels sont mes principes. Cette philosophie que je viens vous offrir, mesdames, j'ai l'intention de l'écrire un jour ; c'est ainsi que je la soumettrai au jugement des hommes. Ils l'adopteront, si elle leur convient ; s'ils la repoussent, nous la garderons pour nous, pour notre usage, en attendant qu'ils aient achevé la leur.

C'est donc avec le but final de prouver Dieu parfait dans toutes ses œuvres que nous commencerons une course à vol d'oiseau à travers le monde de la pensée, que nous planerons sur les hauteurs de la science.

Lorsque du sommet d'une montagne on jette ses regards sur le vaste horizon qui se déploie devant eux, d'un seul coup d'œil on en embrasse à la fois les bornes et l'étendue. On suit au-dessous de soi les sinuosités des torrents, on interroge les profondeurs des vallées ; on aperçoit et les chalets parsemés sur les pentes des pâturages, et les hameaux groupés dans les gorges ou sur les plateaux, et les villes plus gravement assises au loin dans les plaines. Quelques heures suffisent pour tout considérer et pour graver dans le fond de l'esprit une image pittoresque, grandiose, ineffaçable qu'on retrouve tout entière, animée et vivante dans son ensemble, sinon dans tous ses détails, chaque fois que la mémoire tente d'en évoquer le souvenir. Mais, pour explorer chacune de ces vallées, de ces gorges, de ces plaines ; pour étudier ces assises rocheuses, leur formation, leur nature, la végétation qui les recouvre, les espèces vivantes qui les habitent ou qu'elles recèlent dans leurs flancs pierreux ; pour connaître enfin avec détail ces habitations éparses, les mœurs, le caractère de ceux qu'elles abritent ; pour visiter ces villes populeuses, s'approprier leur histoire dans le passé, se rendre compte de leur état dans le présent, enfin, pour savoir de toute science toute cette contrée si riche d'éléments divers qu'un seul regard peut embrasser, ce ne serait pas trop de toute une vie. Ainsi, mesdames, du haut des sommets philosophiques de la science, il me suffira, je l'espère, de quarante heures pour vous donner un aperçu rapide de l'ensemble de la nature et de ses lois, un cadre, comme je vous l'ai promis, ou plutôt un tableau général de la science avec ses principales formules, ses conclusions dernières et ses hypothèses acceptées. Si nous voulions au contraire étudier l'une de ses branches en détail, même la moins importante, il nous faudrait quarante années peut-être, et encore ni vous ni moi n'aurions-nous jamais achevé.

Il est donc indispensable d'avoir dans l'esprit, comme forme générale du savoir, une de ces synthèses complètes et rapides dont l'harmonieuse unité n'abandonne plus la raison qui s'en est une fois saisie. C'est une sorte d'image lumineuse du monde qui marche ensuite devant elle pour l'éclairer comme un flambeau, comme un soleil intellectuel et moral qui lui montre sans cesse le chemin le plus direct du lieu où elle vient au lieu où elle va. Pour se reposer de cette vive clarté, quelquefois trop fatigante, pour se distraire de cette vaste scène de contemplation qui s'appelle l'univers, on peut ensuite adopter une ou deux sciences de détail, un art et une science, une spécialité enfin que l'on choisit par goût ou par utilité, mais toujours avec discernement selon ses aptitudes particulières, et que l'on cultive ensuite avec amour et émulation, comme l'occupation principale de sa vie. Mais s'adonner à quelque talent, à quelque étude spéciale sans posséder en soi le tableau de l'ensemble de la science, c'est d'abord s'exposer à mal choisir celui de ses nombreux rameaux que l'on est le plus apte à cultiver ; c'est, de plus, se condamner à ne jamais regarder la nature et la vie qu'à travers une lunette infidèle qui en change les proportions et les couleurs, grandit ou diminue les premières, et confond les secondes dans une désespérante uniformité.

Tel est le danger des spécialités trop absolues chez lesquelles une étude suffisante des généralités ne maintient pas le jugement dans un équilibre convenable. Elles sont fatalement entraînées à s'absorber dans les petites choses, dans les détails fatiguants d'une érudition toute encombrée d'un bagage de dates, de noms, de faits inutiles, qui, classés et mis à leur place dans l'histoire de l'univers, dans l'infini de l'espace et du temps, ressemblent à autant d'atômes de sable dans la construction d'une pyramide. Il est encore un autre écueil, c'est de ne voir en tout et partout que la science que l'on ne possède plus, parce qu'elle vous possède. Tel est le chimiste exclusif, qui du milieu de ses fourneaux et de ses cornues, veut expliquer toute chose par l'attraction, la cohésion et l'affinité ; tel est le physicien qui ne voit plus partout que polarité, électricité et magnétisme ; tel enfin le mathématicien, comme Pythagore, qui veut construire le monde avec des nombres, c'est-à-dire avec des abstractions pures.

L'Allemagne compte beaucoup de savants semblables. C'est le pays des excentricités intellectuelles, comme l'Amérique est celui des excentricités industrielles. Cependant rendons justice à ces piocheurs de la science, qui ont pris dans le laboratoire universel de l'idée la place de ces ouvriers-machines qui toute leur vie font des têtes d'épingles. Leurs patients travaux, leurs savantes analyses, leur connaissance persévérante et approfondie des détails, leurs mines creusées dans l'infiniment petit ou l'infiniment obscur ont fourni les matériaux nécessaires, indispensables à ces génies plus hardis, plus vastes, mais moins attentifs, qui saisissant d'un coup d'œil d'aigle tout ce que le travail de leurs devanciers présentait de savant, de général, de vraiment philosophique, en ont reconstruit ces grandes synthèses des sciences modernes qui permettent de résumer parfois en une seule loi le travail de mille générations d'observateurs. Ceux-ci ont taillé les pierres de la maison de la science ; les autres les ont mises en place ; l'édifice avance, mais il n'est pas achevé. Quelle est la main hardie qui en posera le faîte et y fera flotter son drapeau ? Cette gloire, je crois, est réservée à la France. L'Allemagne est trop lente, trop rêveuse, trop timide de caractère, trop enivrée de logique pure et d'abstraction pour exercer jamais sur l'esprit humain une action décisive et vraiment puissante. On m'objectait un jour que la philosophie française était une philosophie à l'eau de rose : je crus devoir répondre qu'en retour la philosophie allemande était de l'eau distillée, sans saveur et sans parfum. En effet, les Allemands désossent le monde dans leur philosophie ; ils en font deux parts, l'une de chair vive et palpitante qui saigne et se tord de douleur en l'honneur du souverain bien, en attendant qu'il se réalise pour elle ; l'autre d'os disloqués et découverts qui s'entrechoquent affreusement avec un bruit de squelette en montrant, avec leur hideux visage, des mâchoires qui ne vivent plus et des orbites sans prunelles. Telle est leur philosophie théorique ; la chair vive et sans soutien osseux est leur philosophie pratique. Ce sont deux moitiés d'êtres vivants, mais qui ne peuvent pas vivre, parce qu'elles ne peuvent plus se réunir et que pourtant elles sont indispensables l'une à l'autre.

L'étude des êtres se divise d'abord en deux grandes classes fort inégales, entièrement différentes, antithétiques même ; elle se divise enfin entre la science du monde et celle de Dieu, la cosmologie et la théologie.

Le monde ou le *kosmos* est, selon le sens que les Grecs donnaient à ce terme, l'ensemble harmonieux des choses ; et ici on peut juger de la beauté de cette langue grecque, dont j'ai médit tout à l'heure, et qui sous un seul mot, doux à prononcer, pouvait contenir tant d'idées, et surtout l'idée de cette suprême beauté, de cet ordre calme que partout on respire dans cette admirable civilisation hellénique dont j'aurai du plaisir à vous entretenir un jour.

Le monde, le kosmos, se montre et s'étudie sous deux aspects différents. C'est d'abord le monde intelligible, le monde de l'être en soi, du *noumène*, pour parler le langage de la philosophie allemande. La cosmologie intelligible, c'est la philosophie de l'esprit ou philosophie proprement dite. Elle comprend la métaphysique, c'est-à-dire la science des principes supérieurs des choses et la psychologie ou science de l'âme, science de l'être pensant.

La métaphysique, pour moi, non pour tous, comprend les mathématiques, c'est-à-dire les lois des nombres et de l'espace, et l'ontologie ou science de l'être. L'ontologie nous donne la matière, l'essence intérieure des objets dont les mathématiques nous donnent la forme et les rapports. Ainsi considérée, la métaphysique renferme une physique pure qui servira de fondement à la physique proprement dite, ou physique expérimentale dont nous aurons à nous occuper dans le monde considéré comme sensible et phénoménal.

La psychologie comprend l'esthétique ou science de la sensibilité, de la sensation du sentiment ; la logique ou science des lois de la raison et de l'intelligence ; et l'éthique ou science des lois de la volonté et de la liberté, c'est-à-dire la morale proprement dite dont une des branches subordonnées est le droit et la politique.

Le monde sensible ou kosmos phénoménal est l'objet de la cosmologie proprement dite, qu'on appelle aussi philosophie de la nature. C'est l'équivalent rationnel des cosmogonies des anciens. La cosmologie phénoménale embrasse d'abord la physique et tous ses développements dans lesquels nous ne pourrons entrer que d'une façon générale et toute synthétique ; ensuite l'astronomie ou science des lois des astres, de leurs mouvements et de leur distribution par groupes mobiles dans l'immense étendue des cieux, avec les hypothèses les plus appuyées sur les causes et les modes de leur formation, transformation et destruction. Après cela vient la géologie ou la science de la terre et de ses révolutions, que par analogie on peut étendre à tous les mondes existants. C'est là l'ensemble du monde inanimé ou inorganique.

Nous voici enfin au monde vivant, au kosmos animé. Nous arrivons à l'intéressante étude des lois des êtres qui naissent, se reproduisent et meurent suivant une loi de génération toujours ininterrompue à travers toute la suite sans fin des siècles et peut-être des mondes eux-mêmes. Les générations disparues et fossilisées s'y rapprochent des générations vivantes et prédisent les générations de l'avenir. La paléontologie y complète la zoologie et la botanique. Enfin arrive le dernier et le plus bel anneau de cette chaîne, l'anthropologie, la science de l'humanité, l'histoire de son développement à travers les temps, celle de ses transformations, de son progrès toujours lent mais perpétuel, la marche de ses royales destinées dans ce monde qu'elle gouverne avec liberté, et comme chargée d'y représenter la vice-royauté de Dieu. Ce n'est point une histoire proprement dite que je vous offrirai, mesdames, au moins dans le sens que l'on donne ordinairement à ce mot ; ce sera une philosophie de l'histoire, une peinture rapide de la chaîne des événements, une recherche consciencieuse de leurs causes et de leurs fins. Nous passerons en revue la succession des races, puis celle des langues, celle des institutions et des religions, celle de la littérature et des arts. Du passé enfin, sans nous arrêter au présent qui toujours fuit, nous nous lancerons prophétiquement dans l'avenir ; nous conclurons de qui a été, ce qui doit être. C'est en ce sens seulement, dans le sens d'un retour périodique des mêmes séries de faits que ce mot de l'Ecclésiaste est vrai : « Il n'y a rien de nouveau sous le soleil. » Et encore ce même soleil voit-il réellement deux fois les mêmes choses ? Non, tout paraît et disparaît devant lui, il passera lui-même et peut-être sans avoir éclairé deux êtres parfaitement identiques, sans avoir mesuré deux années semblables par leur fécondité sinon par leur durée. Devant Dieu seulement tout est immuable comme son immuable volonté ; parce que, dans une durée éternelle, tout progrès, toute évolution est nécessairement soumise à la loi de retour et de périodicité.

Du monde enfin et de l'ensemble des choses créées nous remonterons au Créateur. Selon une expression biblique, « sa gloire et sa puissance sont écrites dans les œuvres de ses mains. » En effet, quand nous aurons sondé les profondeurs de l'être, que nous aurons interrogé l'âme dans l'harmonie de ses puissances, que nous nous serons baignés dans les splendeurs de la nature et les gloires de l'humanité, nous verrons l'idéal de la suprême intelligence et de l'éternelle volonté se dégager naturellement de ce monde à la fois son œuvre et son ombre, de ce monde dont il est le principe et la fin et paraître aux yeux de notre âme contemplative dans toute la magnificence de ses attributs infinis.